14
월계수가 된 다프네

주니어RHK

신화의 가치

신화는 한 민족의 기원이나 역사적 · 종교적 · 문화적 삶의 모습을 보여 주는 옛이야기입니다. 주로 신과 영웅에 관한 이야기가 많고, 오랫동안 입에서 입으로 전해 내려왔다는 특징이 있지요.

우리가 살펴볼 그리스 로마 신화는 고대 그리스와 로마에 전해 오는 신화와 전설을 한데 묶은 것입니다. 그리스 로마 신화는 고대의 삶을 엿보게 해 주는 문화유산일 뿐만 아니라, 세계 여러 나라의 문학과 미술에 큰 영향을 끼쳤습니다. 하지만 문화적 가치만큼이나 중요한 것이 또 있습니다. 오래된 옛이야기이면서도 거기에 담긴 교훈적 가치가 오늘날에도 여전히 쓸모 있고 중요하다는 사실입니다.

놀랍지 않나요? 수천 년 전의 이야기가 어떻게 과학 문명이 고도로 발달한 오늘날에도 통하는 것일까요? 그것은 바로 그리스 로마 신화에 나오는 신과 영웅의 모습이 오늘날 우리의 모습과 다르지 않기 때문입니다. 신들도 우리처럼 분노하고, 질투하고, 실수를 하지요. 그런 모습을 보면서 우리는 깔깔 웃거나 눈물을 흘리고, 교훈과 감동을 얻습니다. 우리가 그리스 로마 신화를 읽어야 하는 까닭이 바로 이것입니다.

신화의 세계로 떠날 여러분에게 한마디 덧붙이자면, 신화는 우리에게 끝없는 상상력을 요구한다는 점입니다. 신화 속에는 수많은 은유와 상징이 곳곳에 널려 있지요. 따라서 신화를 읽을 때에는 상상력을 최대한 발휘하여 신화 속에 숨겨진 의미를 찾고, 그것을 자기 나름대로 재해석하는 과정이 필요합니다. 이렇게 읽었을 때에야 비로소 여러분 앞에 놀라운 삶의 이야기가 펼쳐질 것입니다.

자, 그럼 흥미진진한 신화의 세계 속으로 함께 떠나 볼까요?

뛰어난 활 솜씨로 델포이의 뱀 피톤을 무찌른 아폴론.
우쭐해진 아폴론은 활을 가지고 노는 에로스를 비웃습니다.
화가 난 에로스는 아폴론에게 황금 화살을,
아름다운 요정 다프네에게는 납 화살을 쏩니다.
아폴론과 다프네에게 과연 무슨 일이 벌어질까요?

주요 등장인물

페네이오스

강의 신으로 물의 요정 크레우사와
결혼하여 다프네를 낳았어요.
딸의 아름다움이 불행을 가져올까 봐
걱정하던 중, 다프네가
아폴론에게 쫓기자
나무로 변하게 해 주어요.

에로스

아프로디테의 아들로, 사랑의 신이에요.
신과 인간에게 화살을 쏘아
사랑이나 미움을 싹 트게 하는
능력이 있어요. 아폴론을 혼내 주기 위해
아폴론에게는 황금 화살을,
다프네에게는 납 화살을 쏴요.

다프네

강의 신 페네이오스의 딸로
아름다운 숲의 요정이에요.
에로스에게 납 화살을 맞고
아폴론을 끔찍이도
싫어하게 돼요.

아폴론

제우스의 아들로,
태양의 신이에요.
또 예언과 의술, 활솜씨,
음악의 신이기도 해요.
에로스를 놀리다가
그의 황금 화살을 맞고
다프네를 사랑하게 돼요.

1
피톤을 무찌른 아폴론

"이 못된 괴물아! 델포이는 이제부터 내가 다스릴 것이니 당장 사라져라!"
아폴론이 쏜 화살은 '쉬익' 하고 바람을 가르며
피톤을 향해 날아갔습니다.

아폴론은 제우스의 아들로, 올림포스의 열두 신들 가운데 하나였습니다. 아폴론은 태양과 음악의 신으로 사람들에게 *숭배를 받았습니다. 특히 대홍수가 지나고 진흙투성이가 된 땅 위로 햇살이 내리쬐기 시작하자 사람들은 더욱 아폴론을 우러러보았습니다.

"아폴론 님의 따스한 태양 볕 덕분에 열매가 무르익어 가."

"흥겨운 음악이 있어서 아무리 힘들어도 신이 난다고."

게다가 아폴론은 *예언의 신으로 사람들의 앞날을 내다볼 수 있었습니다. 많은 사람들은 아폴론이 자신들의 앞날을 예언해 주길 바랐습니다. 아폴론은 이런 사람들을 위해 파르나소스 산의 델포이란 곳에 *신전을 세우기로 했습니다.

신성한 파르나소스 산

파르나소스 산에는 아폴론 신전이 세워진 성지 델포이가 자리 잡고 있어요. 신화에는 이 산이 무척 신성한 곳으로 등장하지요. 예전에는 방주라는 뜻의 '라르나소스'라고 불렸어요. 그렇게 불린 까닭은 제우스가 세상을 멸망시키려고 대홍수를 일으켰을 때, 데우칼리온과 피라가 방주를 타고 도착한 곳이 파르나소스 산의 정상이었기 때문이에요.

***숭배** 공손히 우러러 받들어 모심.
***예언** 앞으로 다가올 일을 미리 알거나 짐작하여 말함.
***신전** 신을 모신 궁전.

그런데 델포이에는 피톤이라는 괴물이 살고 있었습니다. 피톤은 오래전부터 그곳에 머물며 가축과 마을 사람들을 괴롭혔습니다. 또 샘과 강을 더럽히고 기름진 평야를 망쳐 놓곤 했지요.

“어제도 옆집 남자가 잡아먹혔다네.”

“피톤이 저렇게 버티고 있으니 무서워 얼씬도 못 하겠어.”

사람들은 피톤 때문에 두려움에 덜덜 떨었습니다. 하지만 아무도 피톤을 무찌르지 못 했습니다. 그도 그럴 것이 뱀처럼 생긴 피톤은 몸집이 어마어마하게 클 뿐만 아니라 무척 사나웠기 때문입니다.

한편 델포이에 신전을 세우려던 아폴론은 피톤을 가만두면 안 되겠다고 생각했습니다. 피톤이 델포이에 있으면, 신전을 지어 봐야 아무도 찾아오지 않을 게 분명했거든요.

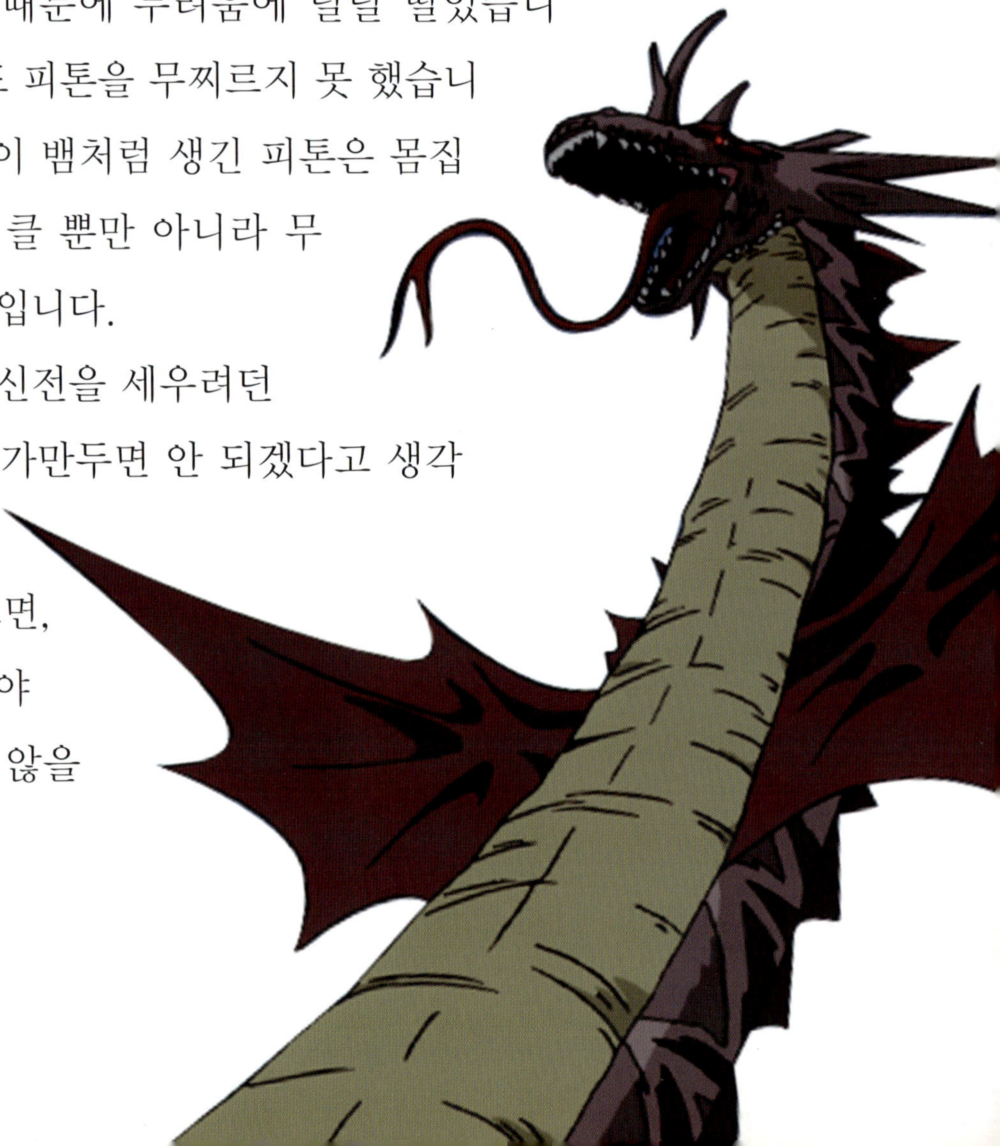

델포이의 괴물, 피톤

피톤은 대지의 여신 가이아의 아들이에요. 뱀처럼 생겼고 산자락을 감쌀 만큼 엄청나게 커다랗지요. 파르나소스 산기슭에서 살며 가이아의 뜻을 사람들에게 전하곤 했는데, 성질이 고약해서 사람과 짐승을 함부로 잡아먹었어요. 로마의 작가 히기누스가 전하는 이야기로는, 이 피톤이 레토의 아들에게 죽임을 당할 것이라는 예언이 있었다고 해요. 그래서 피톤은 레토를 죽이려 했고, 결국 레토의 아들 아폴론에게 죽임을 당하게 되지요.

아폴론은 피톤을 찾아가 소리쳤습니다.

"이 못된 괴물아! 델포이는 이제부터 내가 다스릴 것이니 당장 사라져라!"

하지만 피톤은 불을 뿜으며 사납게 아폴론에게 덤벼들었습니다. 아폴론은 재빨리 활과 화살을 꺼내 들었습니다. 그리고 활에 화살을 걸어 피톤을 겨누었습니다. 아폴론은 *궁술의 신이었지만, 피톤처럼 거대한 괴물에게 활을 쏘는 것은 처음이었습니다. 아폴론이 쏜 화살은 '쉬익' 하고 바람을 가르며 피톤에게 날아가 급소를 *명중했습니다.

"크악!"

피톤은 소리를 지르며 더욱 날뛰었습니다. 아폴론은 침착하게 여러 발의 화살을 더 쏘아 맞혔습니다. 몸부림을 치던 피톤은 결국 죽고 말았습니다.

*궁술 활 쏘는 기술.
*명중 화살이나 총알 따위가 겨냥한 곳에 바로 맞음.
*급소 조금만 다쳐도 생명에 지장을 주는 몸의 중요한 부분.

피톤을 해치운 아폴론

〈아폴론과 피톤〉 얀 뵈코르스트

활을 든 아폴론 옆에 화살에 맞은 피톤이 쓰러져 있어요. 피톤은 언뜻 보기에도 아주 무시무시해 보여요. 피톤을 쓰러뜨린 아폴론의 몸짓과 표정에서는 당당한 기세가 느껴져요. 그림에서는 사랑의 신 에로스가 이 광경을 지켜보고 있지요. 아폴론과 에로스는 둘 다 활과 화살을 가지고 다닌다는 공통점이 있답니다.

피톤을 기리는 피티아 경기

피톤의 어머니 가이아는 제우스에게는 할머니였어요. 그래서 제우스는 아폴론에게 피톤을 죽인 죄를 뉘우치라고 했고, 아폴론은 한동안 테실리아 지방에 가서 이 일을 반성했어요. 또 아폴론은 피톤을 무찌른 자신의 공을 기리는 한편, 죽은 피톤을 달래기 위해 큰 경기를 열었어요. 이 경기가 고대 그리스의 4대 경기 중 하나인 피티아 경기가 되었답니다. 이 경기에서는 음악과 육상, 말 타기 시합 등이 펼쳐졌어요.

"아폴론 님이 피톤을 해치우셨대!"

"드디어 마음 놓고 지낼 수 있게 됐어! 와, 아폴론 님 만세!"

사람들은 더욱 아폴론을 믿고 따르기 시작했습니다. 델포이의 아폴론 신전은 언제나 사람들로 북적거렸습니다. 이 모습을 본 아폴론은 우쭐해졌습니다.

2
화가 난 에로스

'두고 보자, 아폴론.

사랑의 신 에로스를 우습게 보면 어떻게 되는지

똑똑히 가르쳐 주지.'

그러던 어느 날이었습니다.

아폴론이 여느 때처럼 활을 닦고 있는데, 저쪽에서 에로스가 작은 활을 가지고 노는 것이 보였습니다. 피톤을 죽인 지 얼마 안 되어 잔뜩 우쭐해 있던 아폴론은 에로스에게 말했습니다.

"꼬마야, 그 작은 활은 뭐냐? 보기에 좀 우습구나. 내 활을 좀 봐라. 피톤이라고 너도 들어 봤지? 그 무시무시한 괴물을 쓰러뜨린 활이란다."

에로스는 아폴론의 자랑은 들은 척도 않고 계속 자기 활만 만지작거렸습니다. 아폴론은 그런 에로스의 태도에 약이 올랐습니다.

"활은 아무나 다루는 게 아니야. 활은 영웅들의 용맹함을 상징하는 물건이야. 특히 너같이 작은 꼬마가 다룰 물건은 더더욱 아니지. 네 활은 작아 볼품없긴 하다만 그래도 위험하니 그 활을 이리 다오."

아폴론은 에로스의 활을 집으려 했습니다.

에로스는 몸을 홱 돌려 자신의 활을 감쌌습니다.

“이봐요, 아폴론. 지금 피톤인지 필통인지를 해치웠다고 우쭐한 것 같은데. 내 활에 손대지 마요.”

에로스의 말에 아폴론은 *콧방귀를 뀌었습니다.

“허허! 꼬맹이가 아주 *맹랑하네! 그깟 장난감 같은 활로 대체 뭘 할 수 있다는 건지 모르겠구나.”

에로스는 무척 화가 났습니다.

“아폴론, 난 사랑의 신이라고요. 지금 뭘 몰라서 날 비웃는 거 같은데, 후회하지 마세요.”

***콧방귀** 코로 나오는 숨을 막았다가 갑자기 터뜨리며 내는 소리.
***맹랑하다** 하는 짓이 만만히 볼 수 없을 만큼 똘똘하고 깜찍하다.

"하하하."

아폴론은 에로스의 말에 배를 잡고 웃었습니다. 이때까지만 해도 아폴론은 이 일로 자신이 얼마나 뼈아픈 *대가를 치르게 될지 알지 못 했습니다.

***대가** 노력이나 희생을 통해 얻게 되는 결과.

그칠 줄 모르고 큰 소리로 웃어 대는 아폴론을 뒤로한 채 에로스는 하늘로 훨 날아올랐습니다. 아폴론 때문에 잔뜩 기분이 상해서 더 이상 그 자리에 있기 싫었던 것입니다.

'두고 보자, 아폴론. 사랑의 신 에로스를 우습게 보면 어떻게 되는지 똑똑히 가르쳐 주지.'

에로스는 아폴론의 행동을 떠올리며 다시 한 번 굳게 다짐했습니다.

에로스는 파르나소스 산의 정상으로 날아갔습니다. 그리고 활통에서 화살 두 개를 꺼냈습니다. 하나는 반짝거리는 황금 화살이고, 다른 하나는 잿빛을 띤 납 화살이었습니다.

“흥, 아폴론! 그까짓 괴물을 쏘아 맞힌 걸로 그리 *우쭐대다니. 나는 이 화살로 너의 심장을 꿰뚫을 거야.”

에로스는 델포이 신전을 노려보며 중얼거렸습니다.

*우쭐대다 의기양양하여 자꾸 뽐내다.

3
아름다운 다프네

다프네는 풋풋한 아름다움을 지니고 있었습니다.
다프네의 헝클어진 머리카락에서는 기분 좋은 향기가 났고,
날렵한 팔다리는 우아해 보였습니다.
그런 다프네를 주변의 많은 남자들이 좋아했습니다.

한편 숲 속에는 강의 신 페네이오스와 그의 딸 다프네가 살고 있었습니다. 다프네는 헝클어진 머리카락을 아무렇게나 늘어뜨린 데다 몸을 꾸미지도 않았습니다. 다른 요정들이 정성껏 머리를 빗고 몸단장을 하는 동안에도 다프네는 말을 타고 숲 속을 뛰어다니며 놀기 바빴습니다.

그럼에도 불구하고 다프네는 풋풋한 아름다움을 지니고 있었습니다. 다프네의 헝클어진 머리카락에서는 기분 좋은 향기가 났고, 날렵한 팔다리는 우아해 보였습니다. 그런 다프네를 주변의 많은

남자들이 좋아했습니다.

“잔뜩 치장을 한 요정들보다 나는 다프네가 더 아름다워 보여.”

“이봐, 다프네는 내가 먼저 좋아했다고.”

하지만 다프네는 남자들에게 관심이 없었습니다. 결혼도 연애도 하고 싶지 않았습니다. 그저 친구들과 사냥을 하며 숲을 뛰어다니는 것이 유일한 즐거움이었습니다.

그런 다프네를 걱정스럽게 바라보던 페네이오스가 말했습니다.

"다프네야, 이제 너도 짝을 만나 결혼을 하고, 아이도 낳아야 하지 않겠느냐. 아비는 손자가 얼른 보고 싶구나."

*사정 어떤 일의 형편이나 까닭을 남에게 말하고 무엇을 간청함.

다프네는 얼굴을 붉혔습니다. 하지만 아버지의 말처럼 결혼을 하고 싶은 생각은 들지 않았습니다. 다프네는 아버지에게 매달려 *사정을 했습니다.

"아버지, 전 남자를 만나고 싶지 않아요. 평생 아르테미스 여신처럼 결혼하지 않고 처녀로 지내면 안 될까요? 부탁이에요, 아버지."

페네이오스는 사랑하는 딸이 속마음을 털어놓자 마음이 약해졌습니다. 그래서 하는 수 없이 고개를 끄덕였습니다.

"그래, 네가 그렇게 바라니 어쩔 수 없구나. 하지만 네 고운 모습 때문에 네가 원하는 대로 될 수 있을지 모르겠다."

페네이오스는 한숨을 내쉬었지만, 다프네는 기쁘기만 했습니다. 다프네는 사뿐사뿐 걸으며 집을 나섰습니다.

4
엇갈린 사랑

"다프네, 난 태양의 신 아폴론이오."

아폴론은 다프네에게 애타게 말했습니다.

하지만 다프네는 기겁을 하며 소리를 질렀습니다.

"당신이 누구이든 관심 없어요.

그러니 제발 내 앞에서 사라져요."

파르나소스 산에서 아폴론에게 어떻게 복수할지 고민하던 에로스는 마침 다프네가 집을 나서는 것을 보았습니다.

"옳지, 아폴론에게 복수할 좋은 기회다!"

에로스는 다프네를 향해 납 화살을 쏘았습니다. 납 화살은 '미움'의 화살로, 이 화살을 맞으면 제아무리 위대한 신이나 강한 인간이라도 상대방을 미워하는 감정을 갖게 되지요.

"아얏!"

다프네는 가슴이 따끔했습니다.

'왜 이렇게 머리가 아프지? 사냥하는 데 너무 신경을 썼나?'

그리고 곧이어 마음이 점점 *싸늘해지는 것을 느꼈습니다. 다프네는 왠지 모르게 자신을 따르는 남자들이 더 귀찮게 느껴졌습니다.

'역시 연애도, 결혼도 다 쓸모없는 것 같아. 사냥이나 하며 놀아야지!'

*싸늘하다 사람의 성격이나 태도 따위가 차가운 데가 있다.

곧이어 에로스는 여느 때처럼 우쭐거리며 신전을 나서는 아폴론을 향해 황금 화살을 날렸습니다. 이 화살은 '사랑'의 화살로, 맞으면 무조건 사랑에 빠지게 만드는 강력한 힘이 있었습니다.

"아얏!"

아폴론은 가슴에 작은 통증을 느꼈습니다. 그리고 얼마 뒤, 불덩어리처럼 뜨거운 기운이 온몸을 감쌌습니다.

'왜 이러지? 갑자기 심장이 마구 두근거리고, 열도 나는 것 같은데…….'

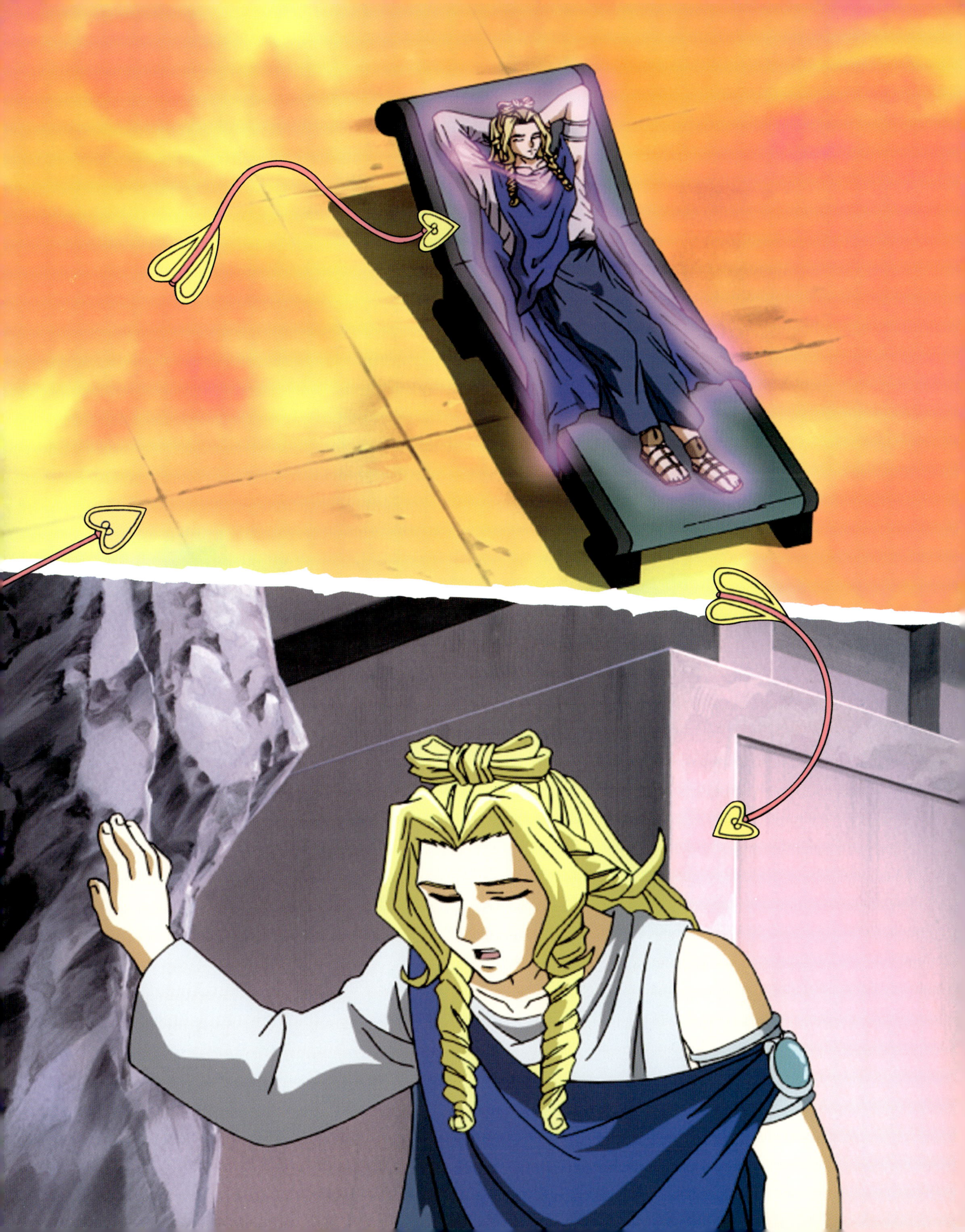

아폴론은 기분이 점점 이상해졌습니다.

그때 숲으로 들어선 아폴론의 눈에 헝클어진 머리를 휘날리며 뛰어가는 다프네의 모습이 보였습니다. 그 모습을 본 아폴론은 심장이 터질 것만 같았습니다. 온몸이 *야릇한 열기로 화끈거렸습니다.

"아, 강의 신 페네이오스의 딸 다프네구나! 어쩌면 저토록 아름다울까!"

아폴론은 어떻게든 다프네를 아내로 맞이하고 싶었습니다. 그만큼 에로스의 화살은 거센 사랑의 감정을 솟아나게 했지요.

*야릇한 무엇이라 표현할 수 없이 묘하고 이상한.

아폴론은 올림포스의 열두 신들 가운데서도 외모가 뛰어났습니다. 곱슬거리는 부드러운 머리카락과 늘씬한 몸매도 눈에 띄었지만, 예술적 감각이 빼어났지요. 많은 요정들이 아폴론이 연주하는 *리라 소리에 깊이 빠져들곤 했습니다. 아폴론은 인기가 아주 많았지만, 정작 자신은 한 번도 사랑에 빠진 적이 없었습니다. 그런 아폴론이 처음으로 다프네에게 사랑의 감정을 느끼게 된 것입니다.

*리라 줄을 만져 소리를 내는 고대 그리스의 악기.

한편 다프네 또한 아폴론의 모습을 보았습니다. 하지만 아폴론과는 반대로 다프네는 아폴론을 보자 미움이 폭발할 것만 같았습니다.

'저건 누구지? 정말 보기 싫게 생겼군.'

다프네는 황급히 자리를 피했습니다. 하지만 사랑에 빠진 아폴론은 다프네의 뒤를 쫓기 시작했습니다.

"다프네, 제발 내 말 좀 들어줘요! 난 태양의 신 아폴론이오."

아폴론은 다프네에게 애타게 말했습니다.

하지만 다프네는 *기겁을 하며 소리를 질렀습니다.

"당신이 누구이든 관심 없어요. 그러니 제발 내 앞에서 사라져요."

*기겁 숨이 막힐 듯이 갑작스럽게 겁을 내며 놀람.

다프네는 아폴론의 얼굴이며 목소리까지 모든 게 다 꼴 보기 싫었습니다. 어떻게든 아폴론을 쫓아버리고 싶은 마음뿐이었습니다. 다프네는 *황급히 머리카락을 휘날리며 도망쳤습니다.

"아, 헝클어진 머리카락마저도 아름답구나!"

아폴론은 도망치는 모습마저 아름다운 다프네에게서 눈을 떼지 못했습니다. 그리고 다프네의 뒤를 급히 쫓아갔습니다.

***황급히** 몹시 어수선하고 급박하게.

5
월계수가 된 다프네

"아버지, 도와주세요! 땅을 열고 저를 숨겨 주세요.
아니면 제 모습을 바꿔 주세요.
이 모습 때문에 불행이 닥쳤으니까요."

다프네는 아폴론을 피해 이리저리 도망쳤습니다. 하지만 아폴론은 계속 다프네를 쫓으며 *간절하게 외쳤습니다.

“멈춰요, 다프네! 그렇게 달리다가 넘어지기라도 하면 어떡하오? 나는 절대 나쁜 사람이 아니오. 그저 당신을 보고 첫눈에 반했을 뿐이라오. 올림포스 신들의 왕 제우스를 아시오? 바로 그분이 내 아버지요. 내 리라 연주를 한 번 들어 보겠소? 그럼 당신 마음이 훨씬 편안해질 텐데……. 참, 잊을 뻔했군! 못된 괴물 피톤의 이야기를

*간절하다 마음속에서 우러나와 바라는 정도가 매우 절실하다.

들어 본 적이 있소? 내가 바로 그 피톤을 물리쳤소. 저기 델포이에 내 신전이 있지. 이제 그만 멈추고 날 봐요!”

하지만 다프네는 뒤도 돌아보지 않은 채 외쳤습니다.

“제발 저리 가요. 난 당신이 너무 싫다고요!”

다프네의 말은 아폴론의 마음에 날카로운 칼처럼 내리꽂혔습니다. 아폴론은 말할 수 없이 슬펐습니다.

'대체 그녀는 왜 도망치는 걸까. 한 번만 내 얘기를 들어 주면 좋을 텐데……. 아, 마음이 이렇게 아프다니. 피톤의 불에 상처를 입었을 때보다 더 아프구나. 아아, 다프네!'

멀리서 이 모습을 지켜보던 에로스는 신이 났습니다.

"흥, 나를 그렇게 무시하더니, 꼴좋군. 제아무리 아폴론이라 해도 사랑 앞에선 별 수 없지. 이게 바로 네가 비웃던 내 화살의 힘이라고."

다프네와 아폴론의 쫓고 쫓기는 달리기는 계속되었습니다. 다프네가 싫다고 자신을 밀어내면 밀어낼수록, 아폴론은 점점 더 다프네가 사랑스러워 견딜 수가 없었습니다.

끝이 뾰족한 나뭇가지가 달아나는 다프네의 몸을 할퀴었습니다. 상처가 난 자리에서 피가 흘렀지만, 다프네는 아랑곳하지 않고 아폴론을 피해 도망쳤습니다.

아폴론을 피해 도망치는 다프네

〈아폴론과 다프네〉 조반니 바티스타티에폴로

아폴론을 피해 도망치는 다프네와 그 뒤를 쫓는 아폴론을 그린 그림이에요. 다프네의 발아래에는 다프네의 아버지 페네이오스의 모습도 보여요. 페네이오스는 딸을 아폴론으로부터 구하기 위해, 딸의 모습을 바꾸어 놓아요. 다프네의 오른손을 자세히 보면, 손끝이 나뭇가지로 바뀌어 있답니다.

아폴론과 다프네의 거리는 점점 좁혀졌습니다. 지친 다프네는 금방이라도 쓰러질 것 같았습니다. 다프네는 거친 숨을 몰아쉬며 외쳤습니다.

“아버지, 도와주세요! 땅을 열고 저를 숨겨 주세요. 아니면 제 모습을 바꿔 주세요. 이 모습 때문에 불행이 닥쳤으니까요.”

이윽고 아폴론의 손이 다프네의 어깨에 닿을락 말락 할 때였습니다. 갑자기 다프네의 온몸이 뻣뻣하게 굳기 시작했습니다. 다프네의 손끝에서는 나뭇가지가 뻗어 나오고, 그 나뭇가지에는 곧 무성한 잎이 달렸습니다. 아름답던 다프네의 머리카락도 나뭇잎으로 변해 갔습니다.

"안 돼!"

아폴론은 *비통한 목소리로 외쳤습니다. 다프네는 점점 나무로 변했습니다. 호리호리한 몸매는 두꺼운 나무껍질로 덮이고, 두 발은 땅에 달라붙어 뿌리로 뻗어 내렸습니다. 다프네가 있던 자리에는 *월계수 한 그루가 생겨났습니다. 다프네처럼 무척 아름다운 나무였습니다.

*비통한 몹시 슬퍼서 마음이 아픈.
*월계수 나무껍질은 검은 회색이고, 긴 타원형의 잎이 나 있음. 가지와 잎이 무성하고, 잎에서는 좋은 향기가 남.

조각으로 보는 아폴론과 다프네

〈아폴론과 다프네〉 로렌초 조반니 베르니니

이탈리아의 유명한 조각가 베르니니가 아폴론과 다프네의 모습을 조각한 작품이에요. 다프네가 월계수로 변신하는 순간을 잘 포착하여 정교하게 표현했어요. 다프네가 나무로 변하는 모습을 안타깝게 지켜보는 아폴론과, 아폴론의 손길을 피하려고 마음이 다급한 다프네의 모습이 잘 드러나 있어요.

아폴론은 나무를 껴안았습니다. 아폴론의 눈에서는 쉴 새 없이 눈물이 흘러내렸습니다.

"오, 내 사랑……."

아폴론은 나뭇가지에 입술을 가져다 댔습니다. 하지만 나무로 변한 다프네는 그마저도 싫은지 나뭇가지를 흔들며 아폴론을 피했습니다. 그러자 아폴론이 말했습니다.

"다프네, 이제 그대를 내 아내로 맞이할 수 없게 되었소. 하지만 그대를 나의 *성스러운 나무로 삼겠소."

아폴론은 부드러운 손길로 나무를 쓰다듬었습니다.

*성스러운 함부로 가까이할 수 없을 만큼 고결한.

"이제부터 나는 왕관 대신 그대의 가지를 엮어 머리에 쓰겠소. 내 리라와 화살통도 그대의 잎으로 장식할 것이오. 그리고 위대한 장군들이 싸움에서 이기고 돌아오면 그대의 꽃으로 *화환을 만들어 머리에 씌우겠소."

*화환 꽃을 모아 고리같이 둥글게 엮어 만든 것.

그제야 다프네는 두려움에 떨던 움직임을 멈추었습니다. 다프네는 가지를 기울여 아폴론에게 고맙다는 뜻을 전했습니다.

"사랑하는 다프네. 내가 영원히 늙지 않는 것처럼, 그대 또한 늘 푸를 것이며 그 잎이 시들지 않도록 해 줄 것이오."

아폴론은 월계수로 변한 다프네를 두 팔로 꼭 끌어안았습니다. 아폴론은 오랫동안 눈물을 흘리며 그 자리를 떠나지 못 했습니다.

승리를 상징하는 월계수

신화 속에 등장하는 이야기들은 오늘날에도 우리 생활 속에서 찾아볼 수 있어요. 서양에서는 '월계관(월계수로 만든 관)을 썼다.'라는 말을 '영광스러운 자리에 올랐다.'는 뜻으로 써요. 그래서 운동 경기에서 우승한 선수들에게 월계관을 씌워 주지요. 그리스의 아테네에서 올림픽이 열렸을 때, 경기에서 우승한 선수들은 메달을 목에 걸고, 승리를 상징하는 월계관을 머리에 썼답니다.

신화 OLYMPUS GUARDIAN 뒷이야기

아폴론은 예언의 신입니다. 하지만 불행히도 자신의 사랑은 예측할 수 없었나 봅니다. 다프네와의 사랑은 결국 실패로 끝나고 마니까요. 신화 속 신과 요정의 사랑은 대부분 비극적으로 끝을 맺습니다. 아폴론이 사랑한 다프네 또한 끝내 아폴론을 받아들이지 않다가 월계수 나무로 변하고 그들의 사랑도 결국 비극으로 결말이 납니다.

사랑에는 다양한 종류가 있지만, 에로스의 화살에 맞아 생겨나는 사랑은 흔히 이성적이지 못하고 정열적인 사랑을 뜻합니다. 이러한 사랑의 감정에 사로잡히면 아폴론과 하데스, 그리고 에로스가 그러했듯이 사랑에 눈이 멀고 맙니다. 사람도 마찬가지입니다. 하루 종일 사랑하는 사람의 모습만 생각나고, 그 사랑이 받아들여지지 않으면 마음이 아프지요. 이러한 감정은 쉽게 이겨 내기가 힘들답니다.

사람들은 살면서 이런저런 사랑들을 하지만, 그 사랑이 언제나 행복을 가져다 주는 것은 아닙니다. 아폴론과 다프네처럼 서로 다른 감정을 품을 수도 있기 때문입니다. 하지만 내게 사랑하는 감정이 생겼다고 해서 상대방에게 사랑을 강요한다면 그것은 온전한 사랑이 될 수 없습니다. 오히려 이 신화에서처럼 돌이킬 수 없는 결과를 가져올 수도 있지요.

또한 내 사랑이 받아들여지지 않는다고 해서 너무 낙심하는 것도 피해야 할 것입니다. 나르키소스를 사랑했던 에코는 자신의 사랑이 받아들여지지 않자 시름시름 앓다가 세상을 떠나고 맙니다. 남을 무조건 사랑하기에 앞서 나 자신을 아끼고 사랑하는 마음이 부족했기 때문입니다.

이처럼 사랑은 나를 아끼고, 상대방을 존중하고 배려하는 마음에서 비롯되어야 합니다.

올림포스 신들의 계보

크로노스 + 레아
하데스
지하 세계의 왕
포세이돈
바다의 신
제우스
신들의 왕
헤라
신들의 여왕,
제우스의 아내
헤스티아
난로 · 불의 여신
데메테르
대지의 여신
아테나
지혜 · 전쟁의 여신
제우스 + 메티스
아폴론
의술 · 음악의 신
제우스 + 레토
아르테미스
사냥 · 순결의 여신
아스클레피오스
의술의 신
아레스
전쟁의 신
제우스 + 헤라
헤파이스토스
대장간의 신
제우스 + 디오네
아프로디테
헤파이스토스의 아내,
미의 여신
에로스
사랑의 신
헤르메스
신들의 전령,
상업의 신
제우스 + 마이아
디오니소스
술의 신
제우스 + 세멜레
페르세포네
하데스의 아내
지하 세계의 여왕
제우스 + 데메테르

⚜ 그리스 로마 신화 주요 인물의 이름 ⚜

그리스 어	로마 어	영어
가이아	텔루스	
니케	빅토리아	나이키, 빅토리
데메테르	케레스	세레스
디오니소스	바쿠스	바커스
레아	키벨레	시벨레
아레스	마르스	마스
아르테미스	디아나	다이애나
아테나	아테네, 미네르바	
아폴론	아폴로	아폴로
아프로디테	베누스	비너스
에로스	쿠피드, 아모르	큐피드
오디세우스	울릭세스	율리시스
우라노스	카일루스	유러너스
제우스	유피테르	주피터
크로노스	사투르누스	새턴
페르세포네	프로세르피나	
포세이돈	넵투누스	넵튠
하데스	플루톤	플루토
헤라	유노	주노
헤라클레스	헤르쿨레스	허큘리스
헤르메스	메르쿠리우스	머큐리
헤스티아	베스타	
헤파이스토스	불카누스	벌컨

그리스 로마 신화 올림포스 가디언 14

월계수가 된 다프네

펴낸이 양원석

펴낸곳 (주)알에이치코리아

등록 2004년 1월 15일 제2-3726호

주소 서울특별시 금천구 가산디지털2로 53, 20층 (한라시그마밸리)

문의전화 02)6443-8800

ISBN 978-89-255-4434-2(74800)

ISBN 978-89-255-4354-3(세트)

값 **12,800원**